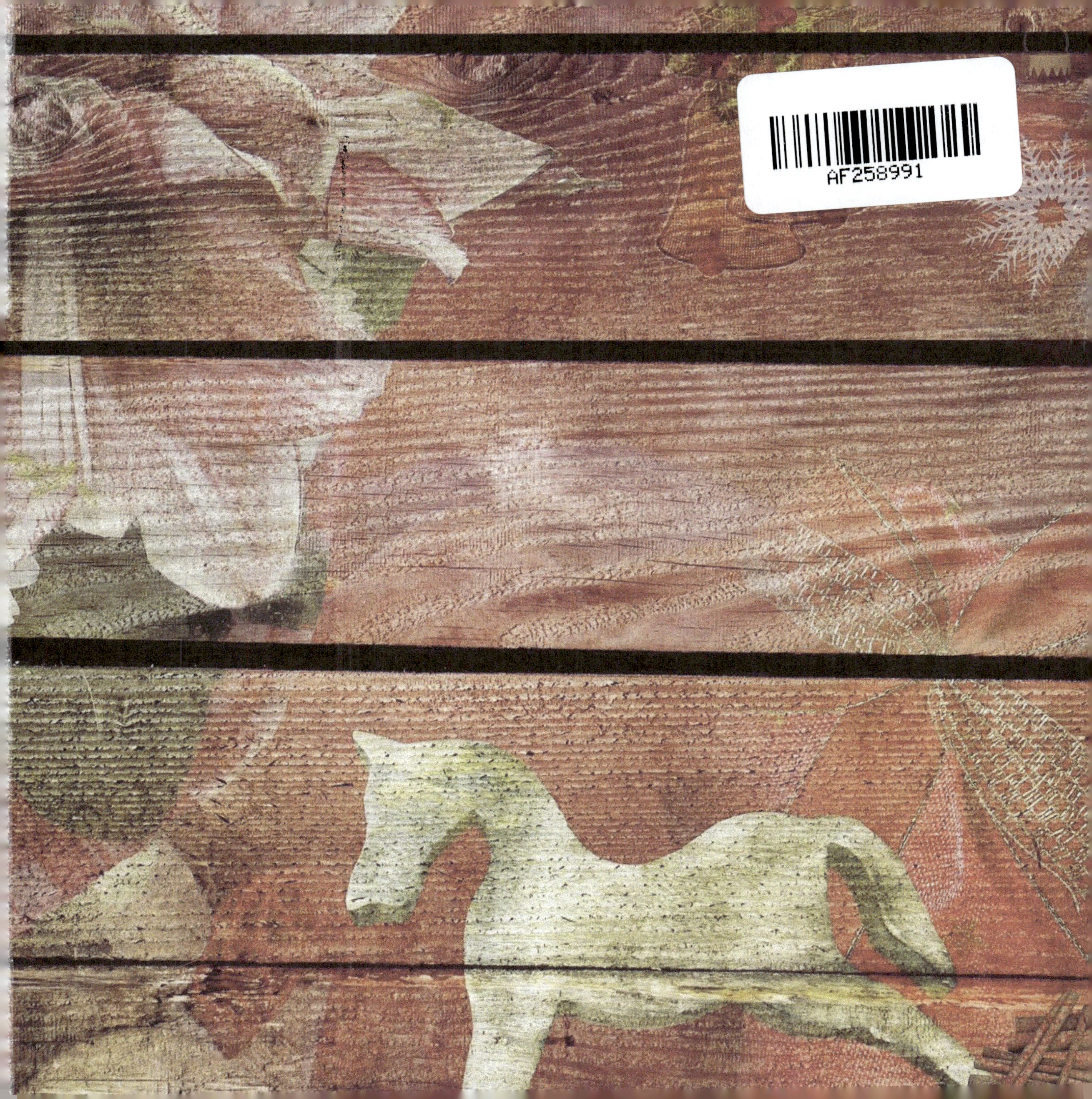
AF258991

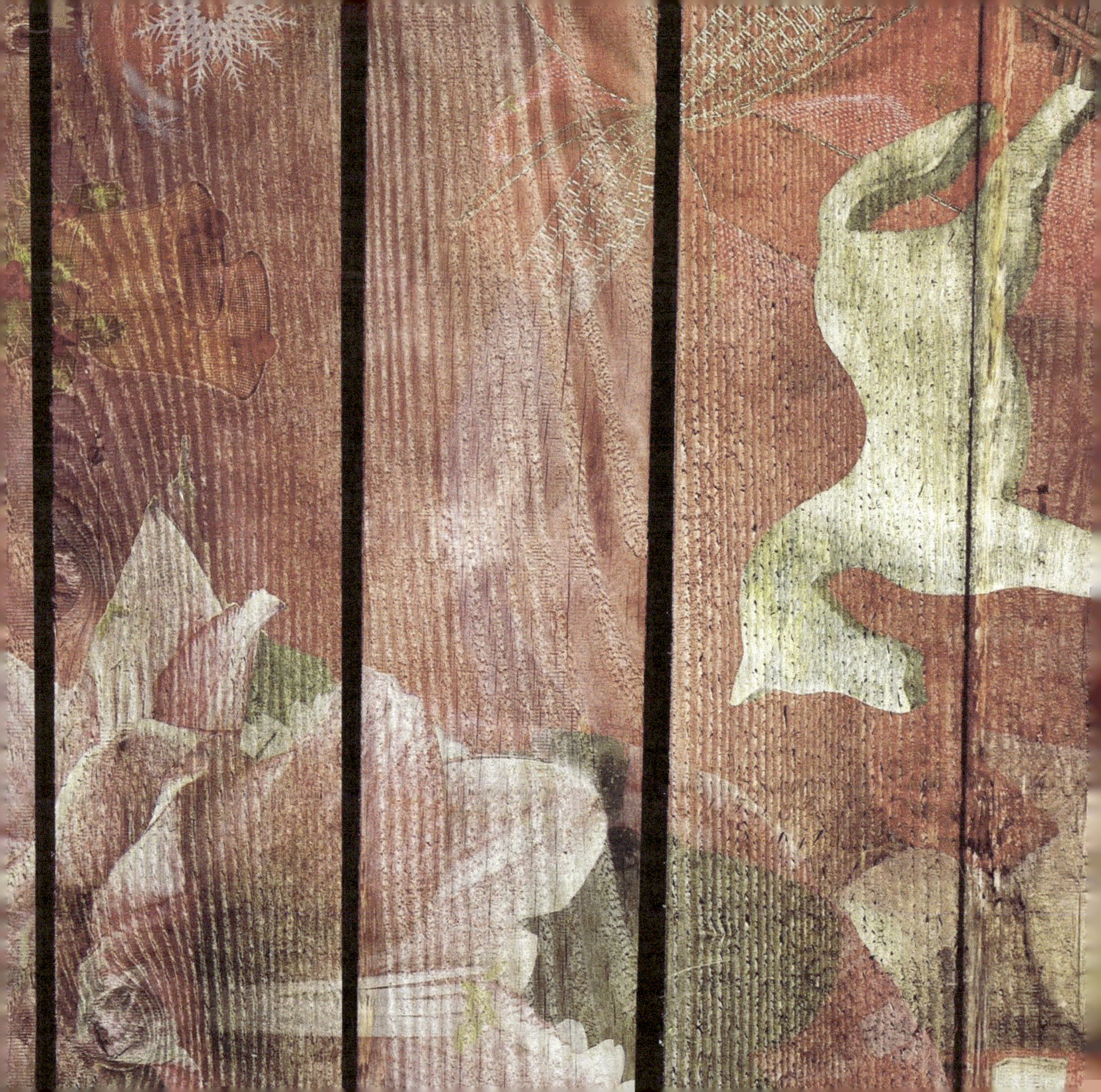

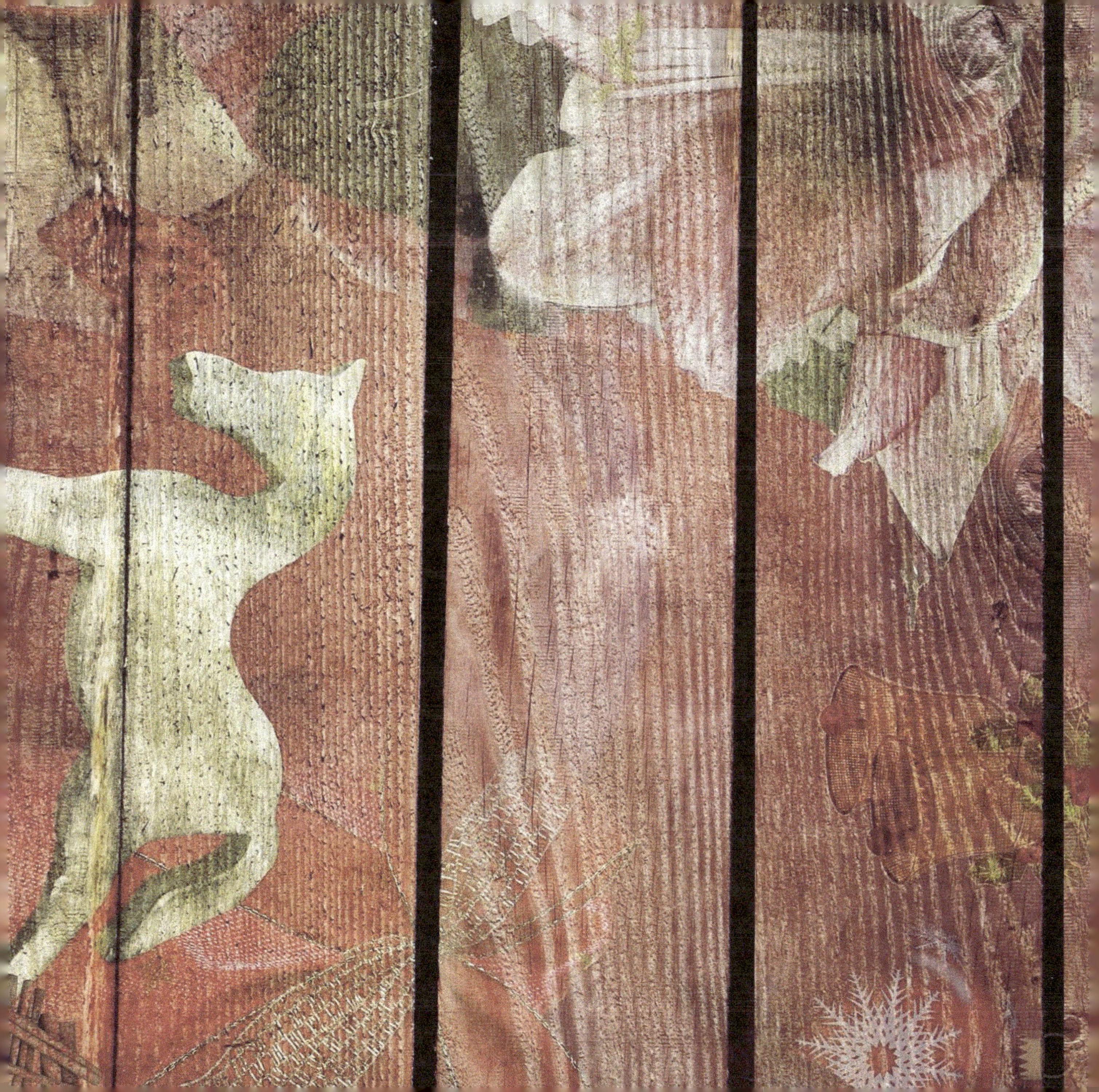

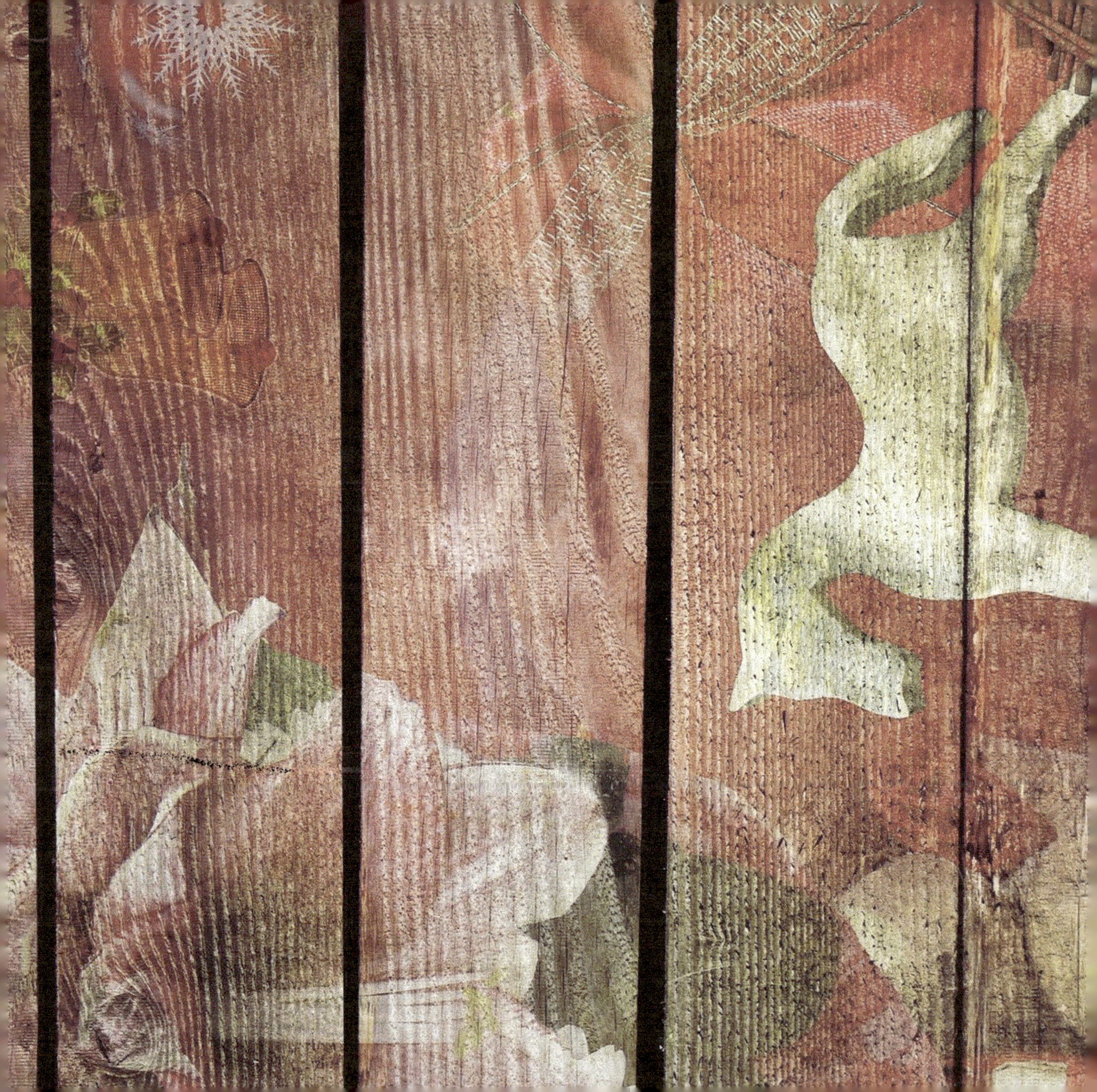

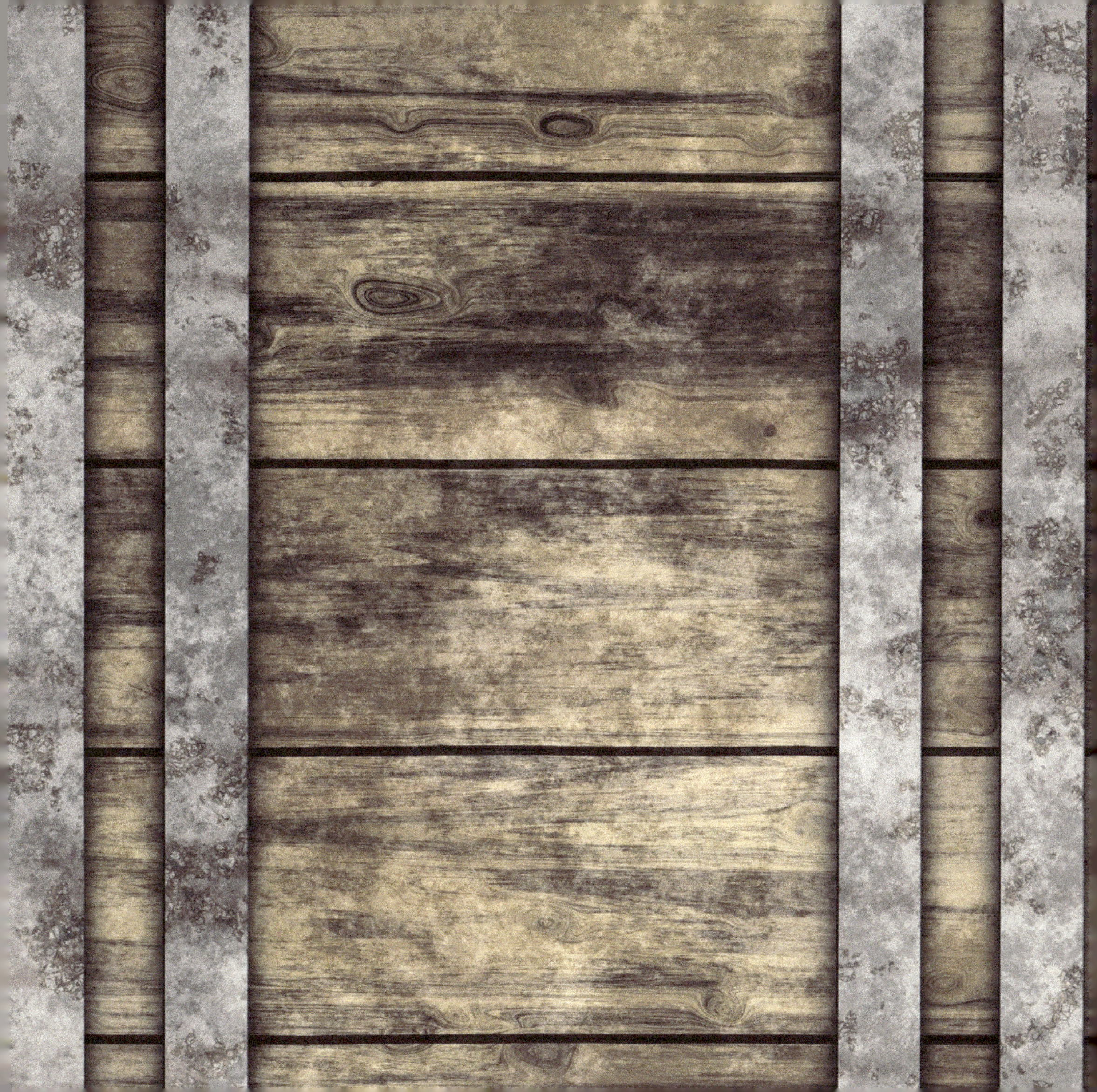

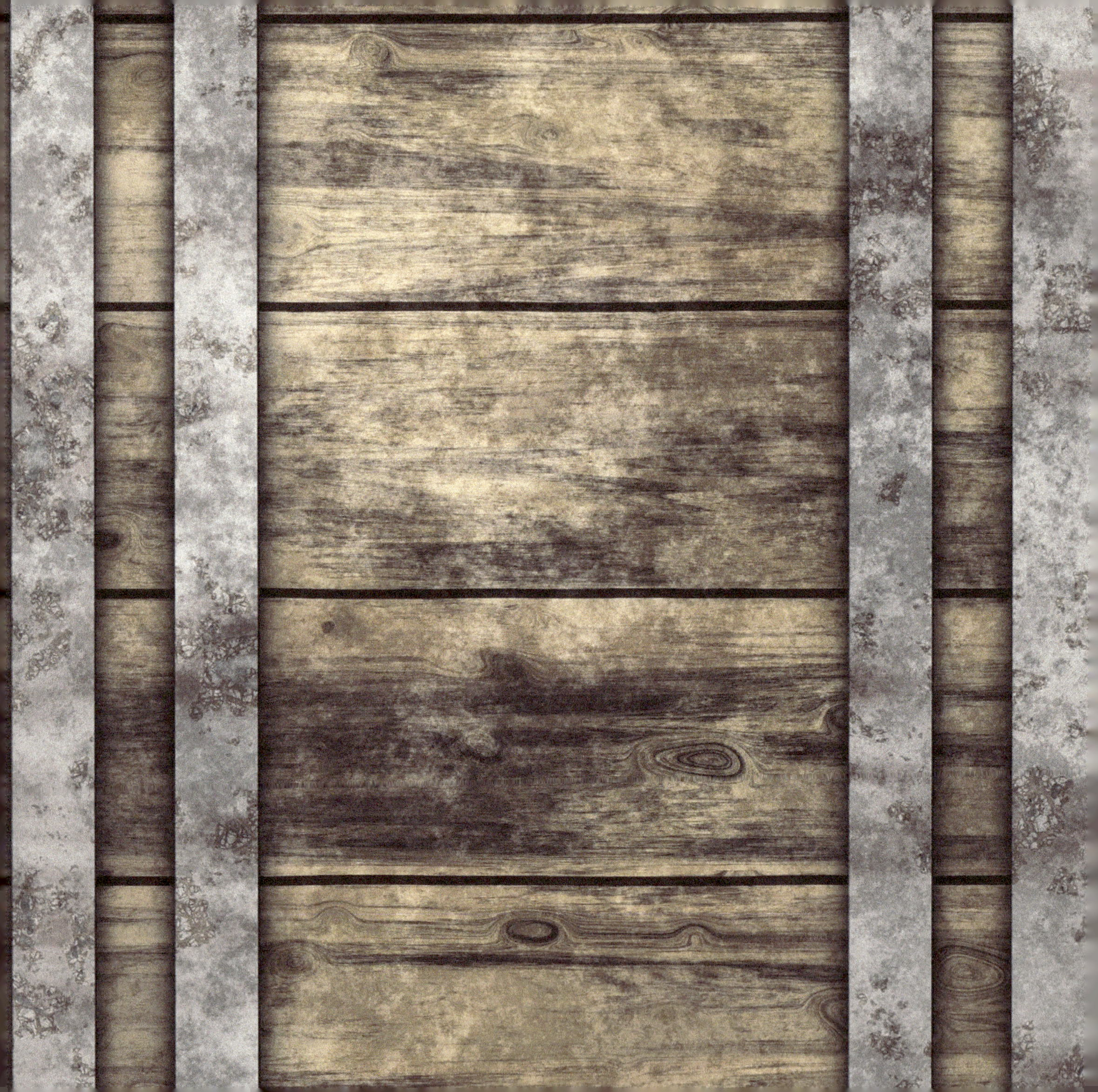

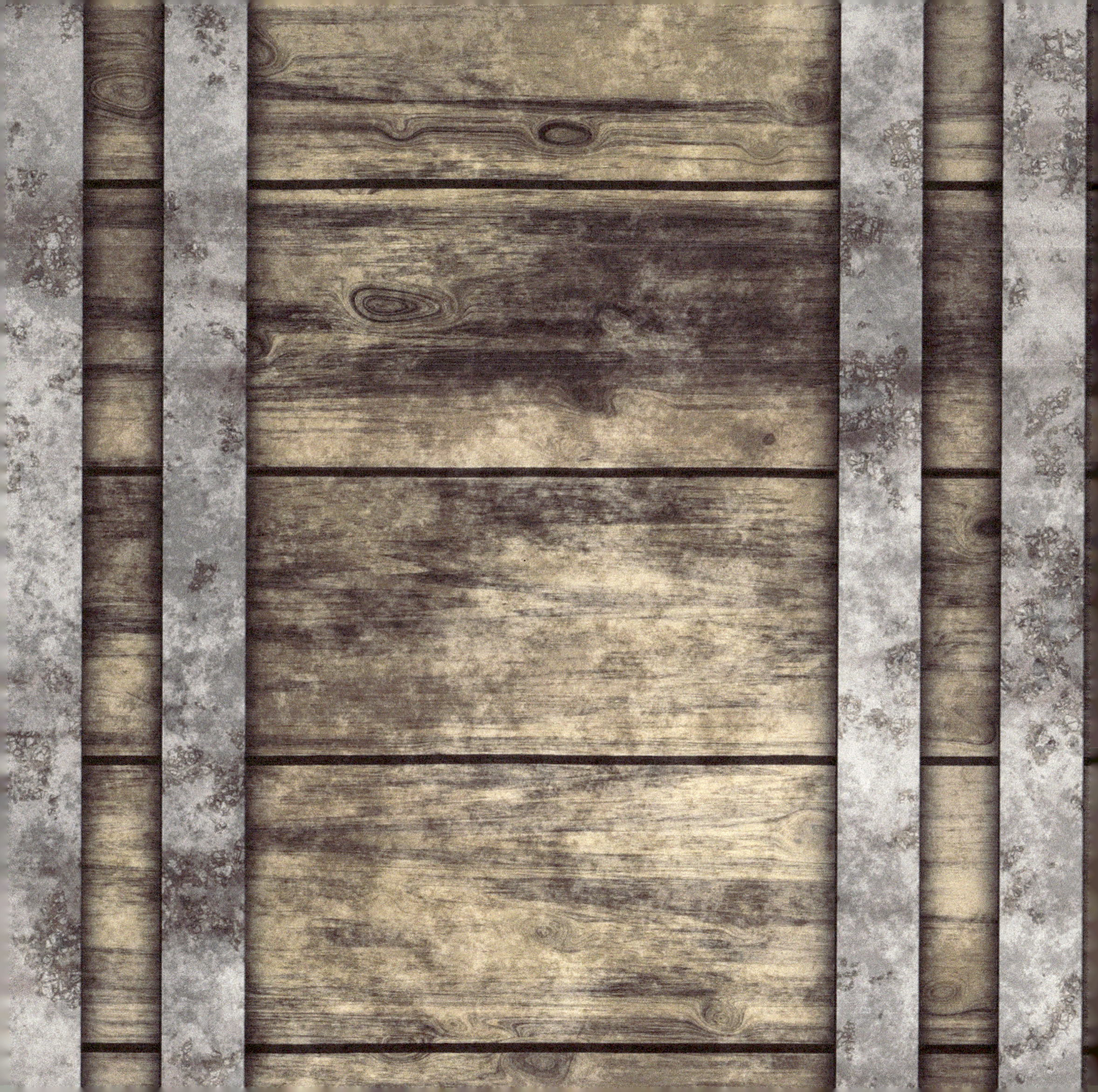

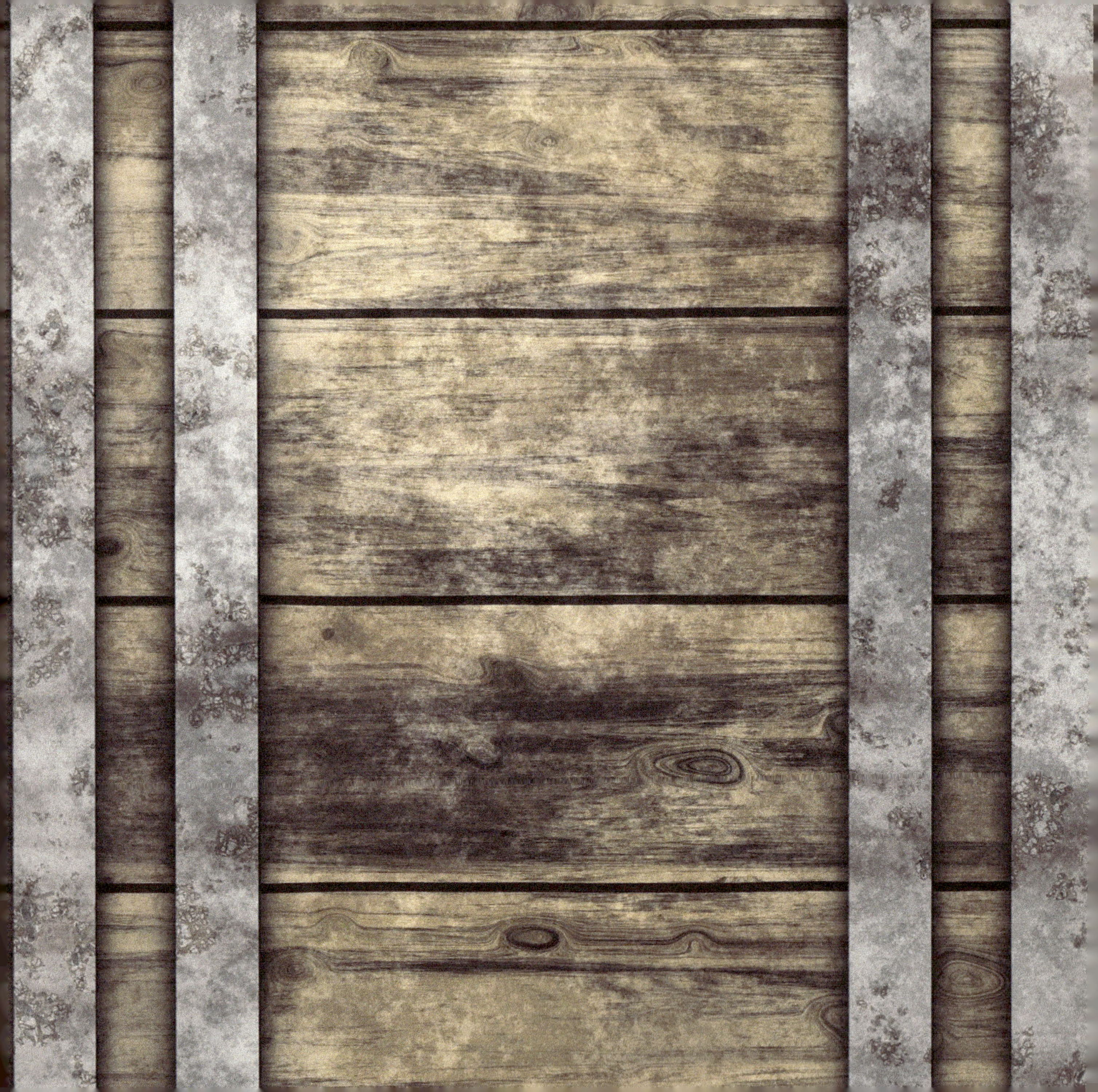

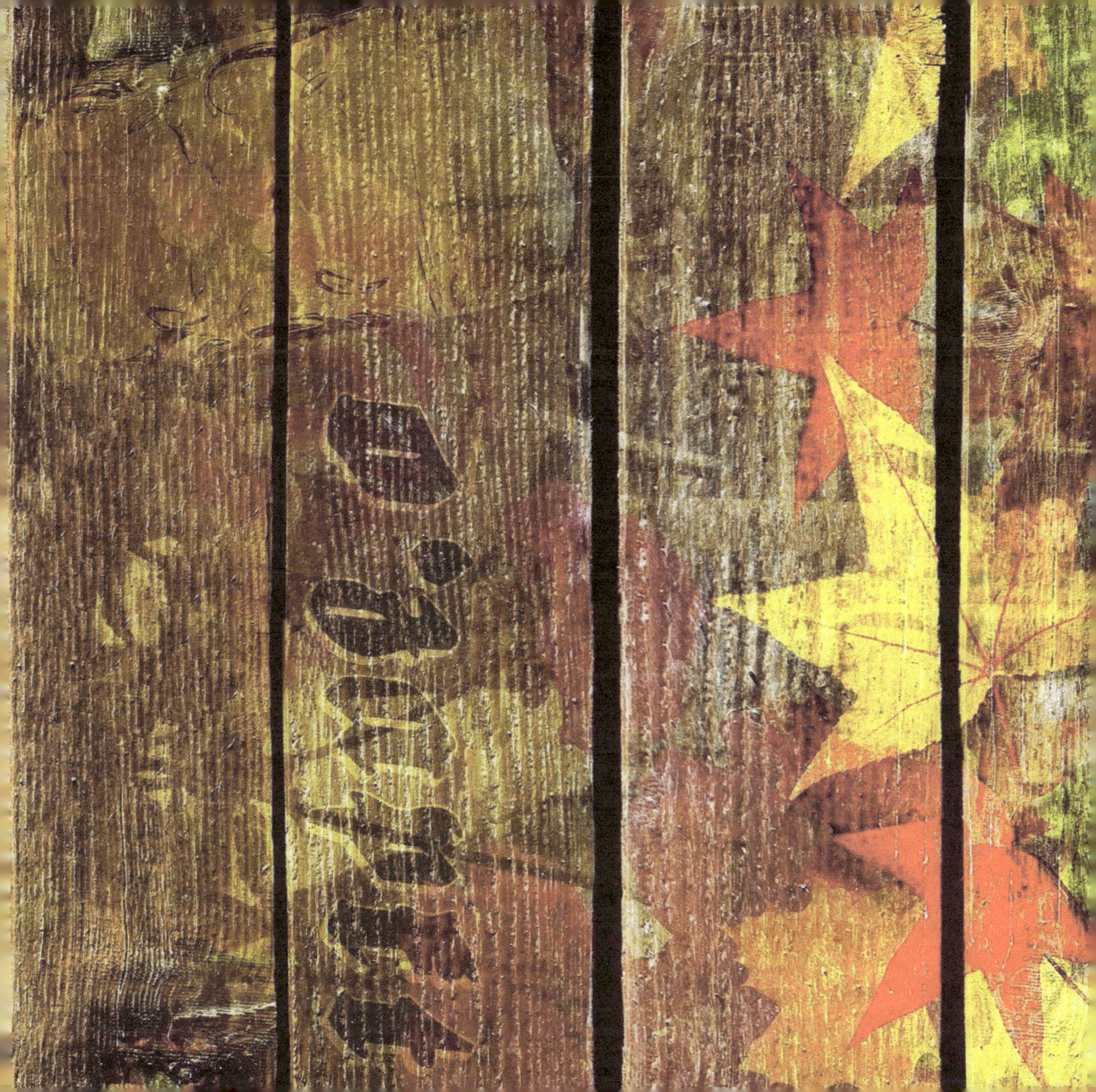

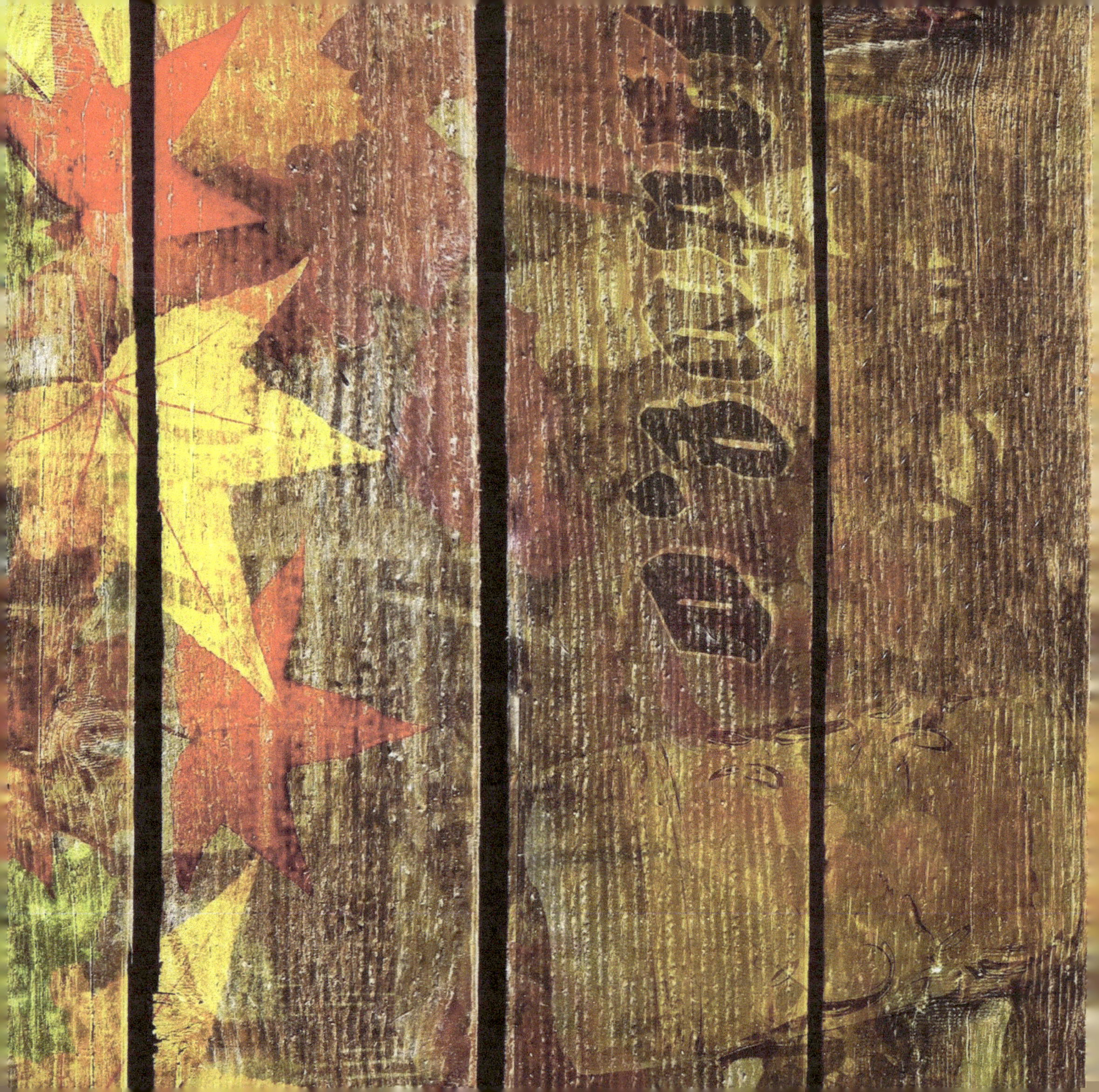

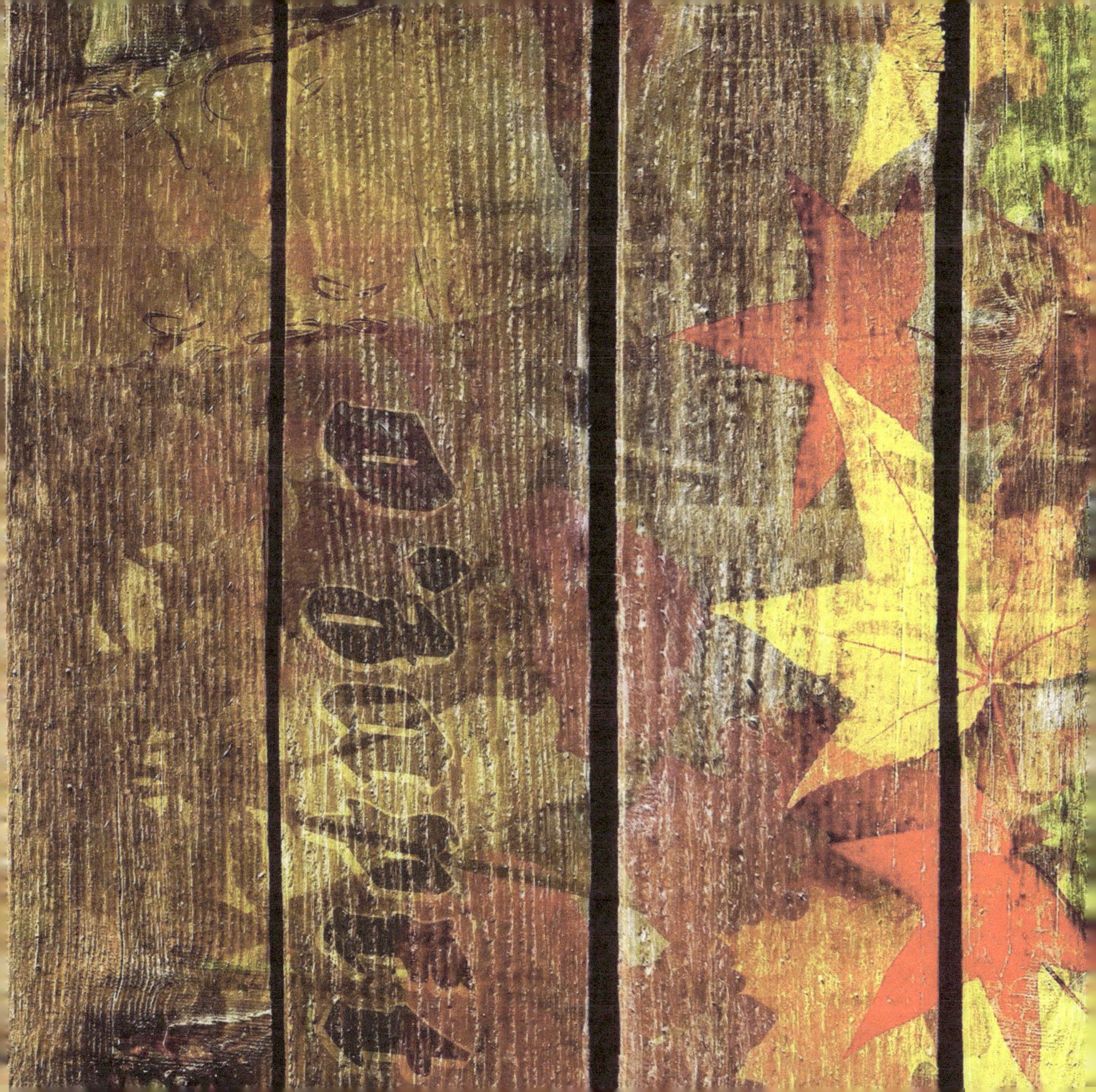

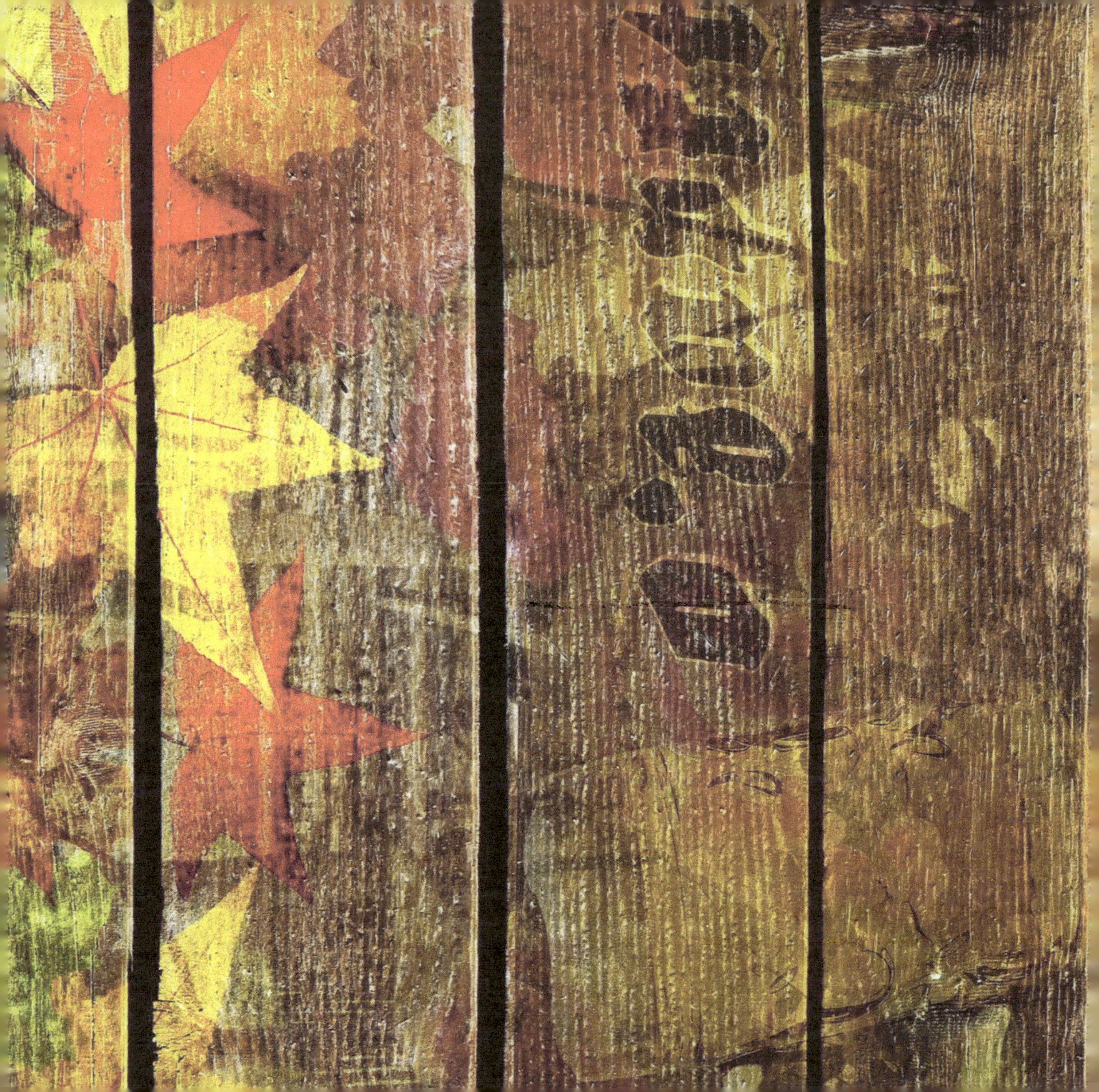

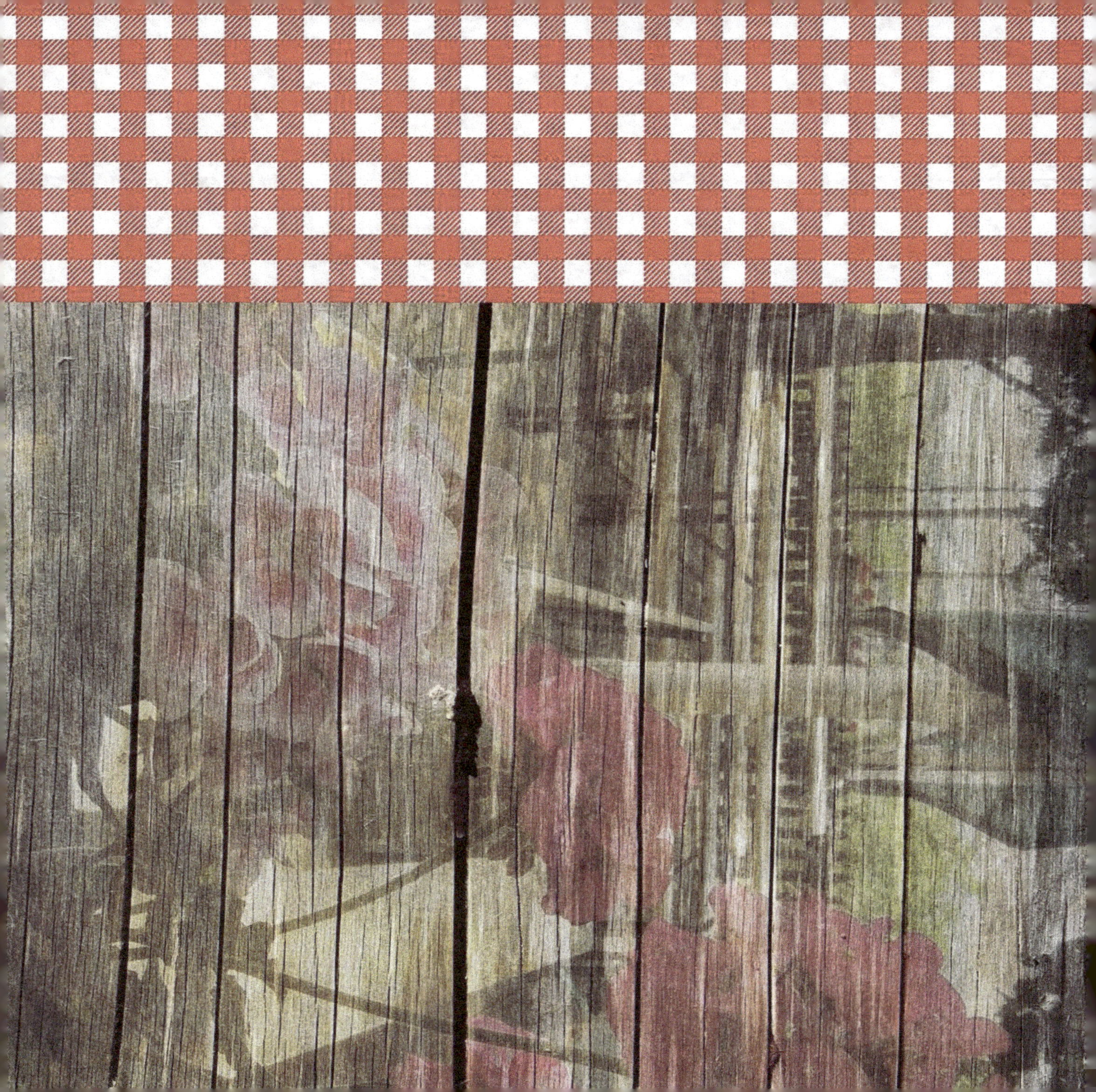

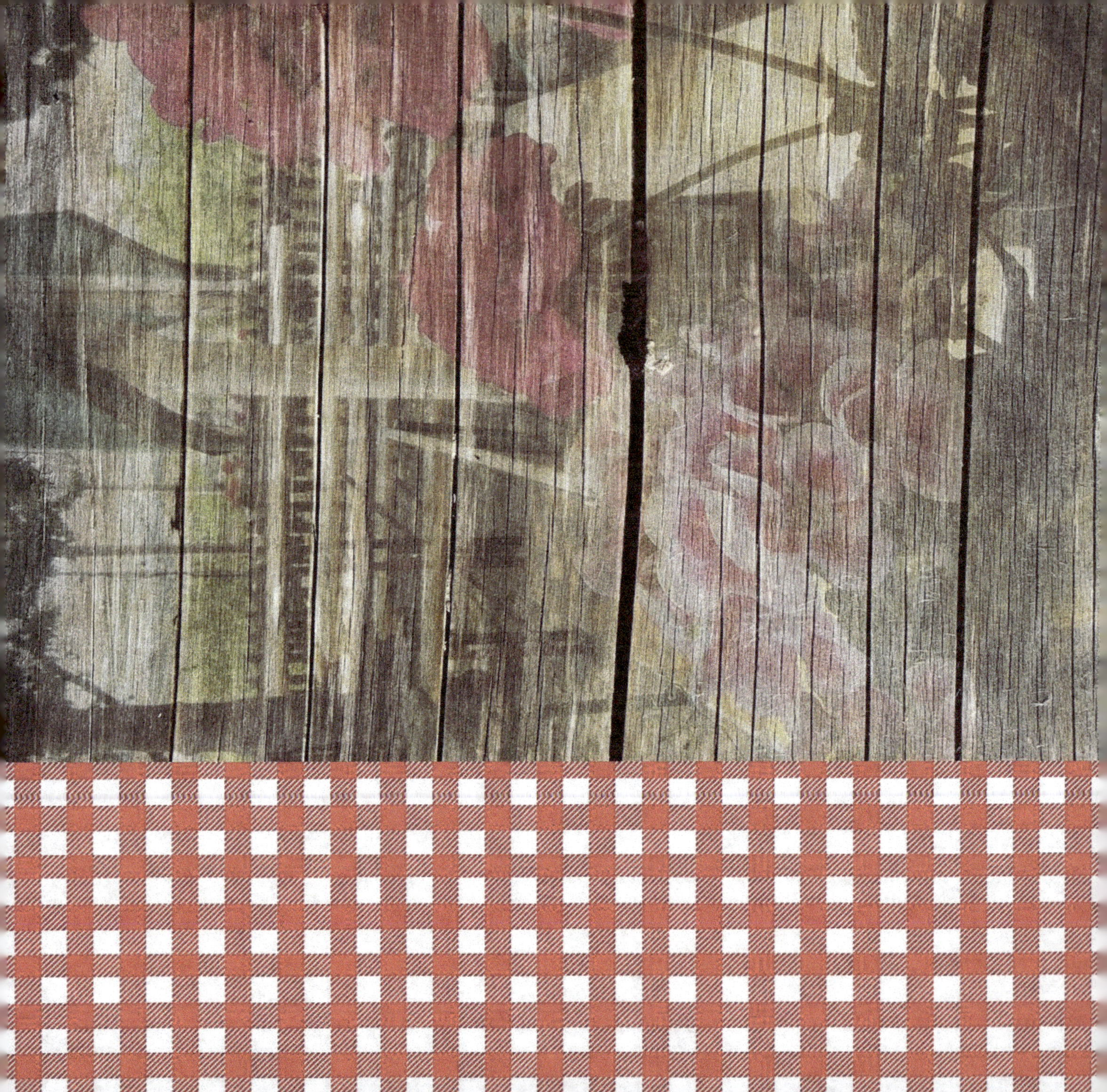

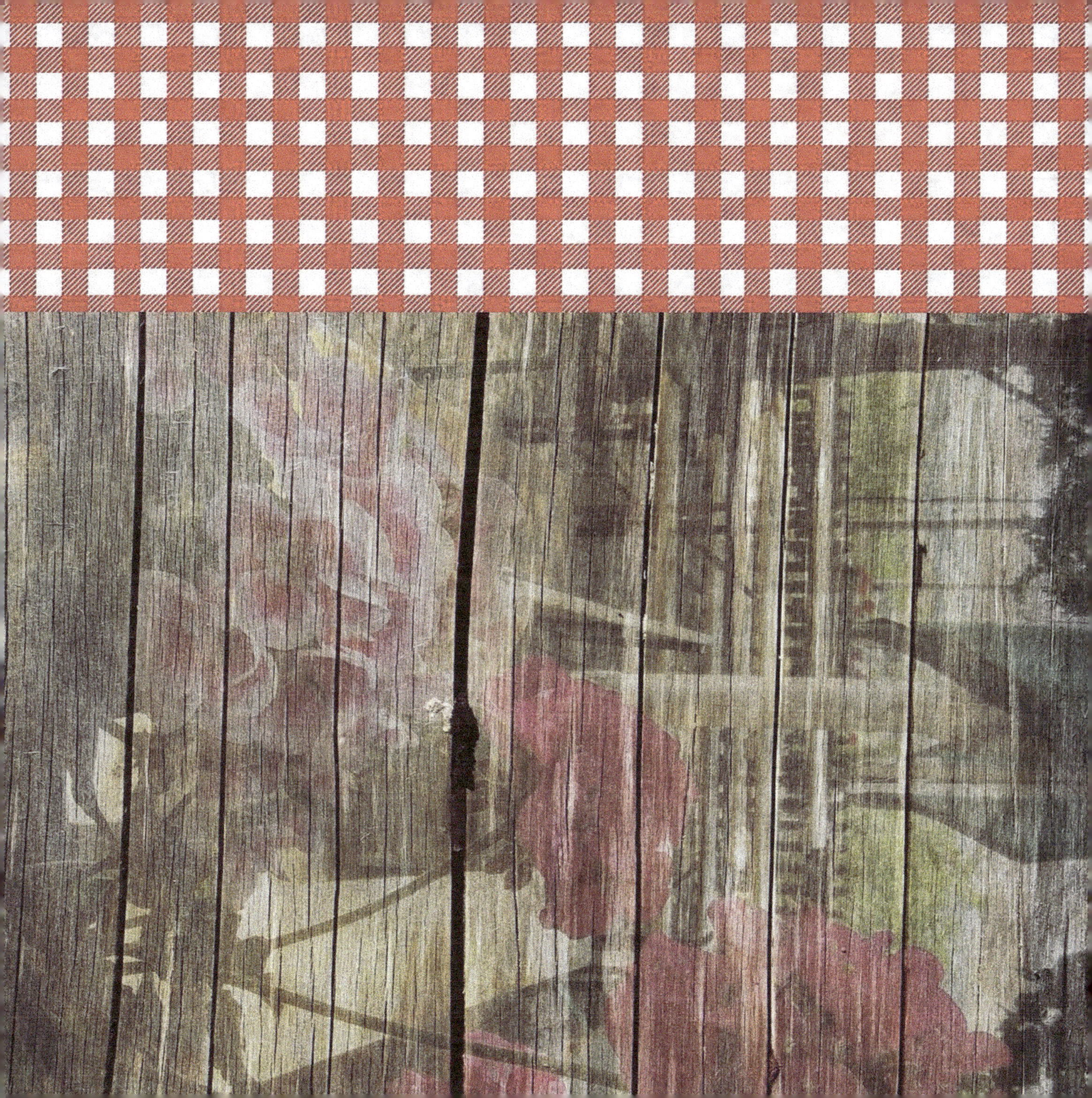

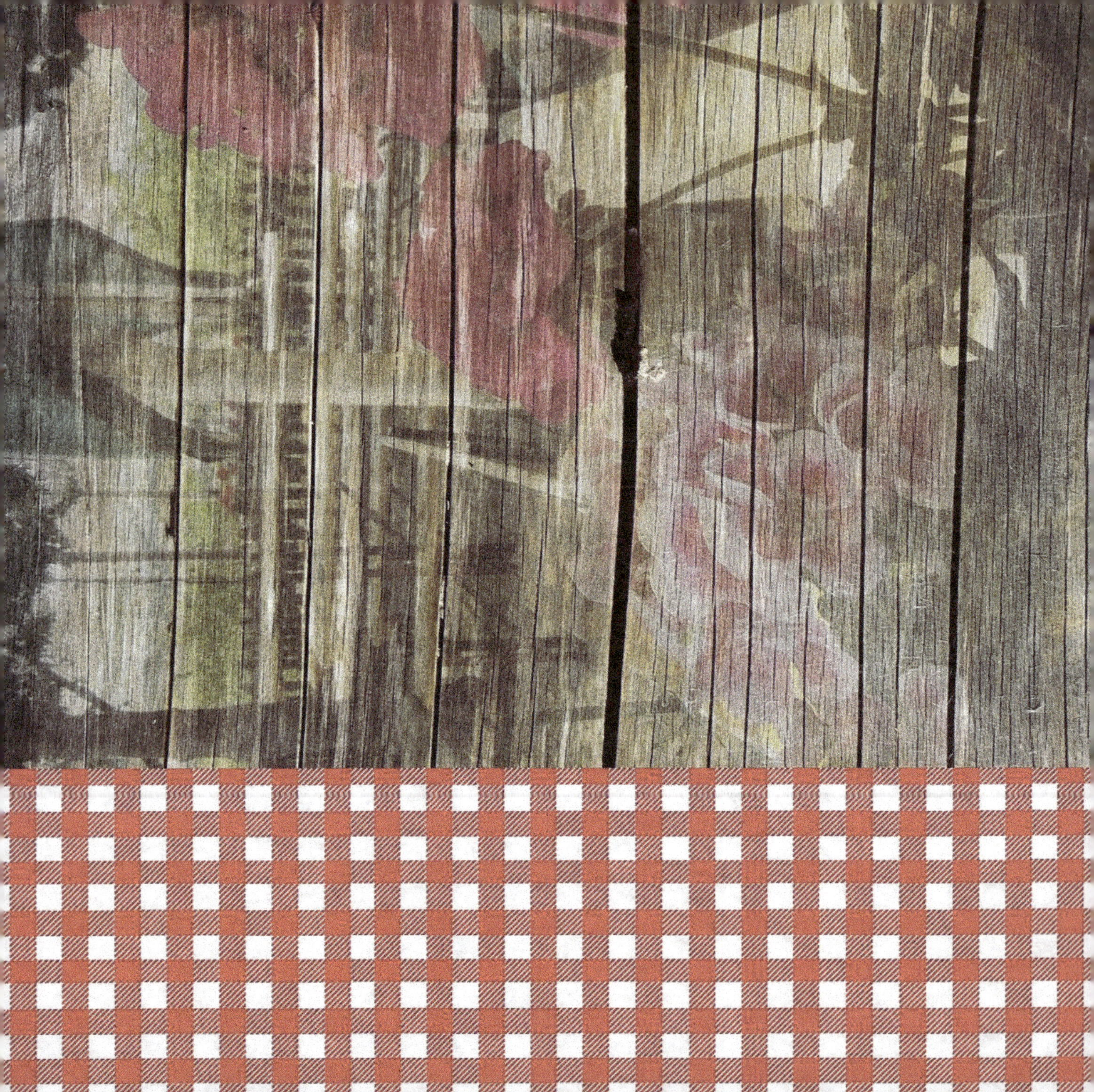

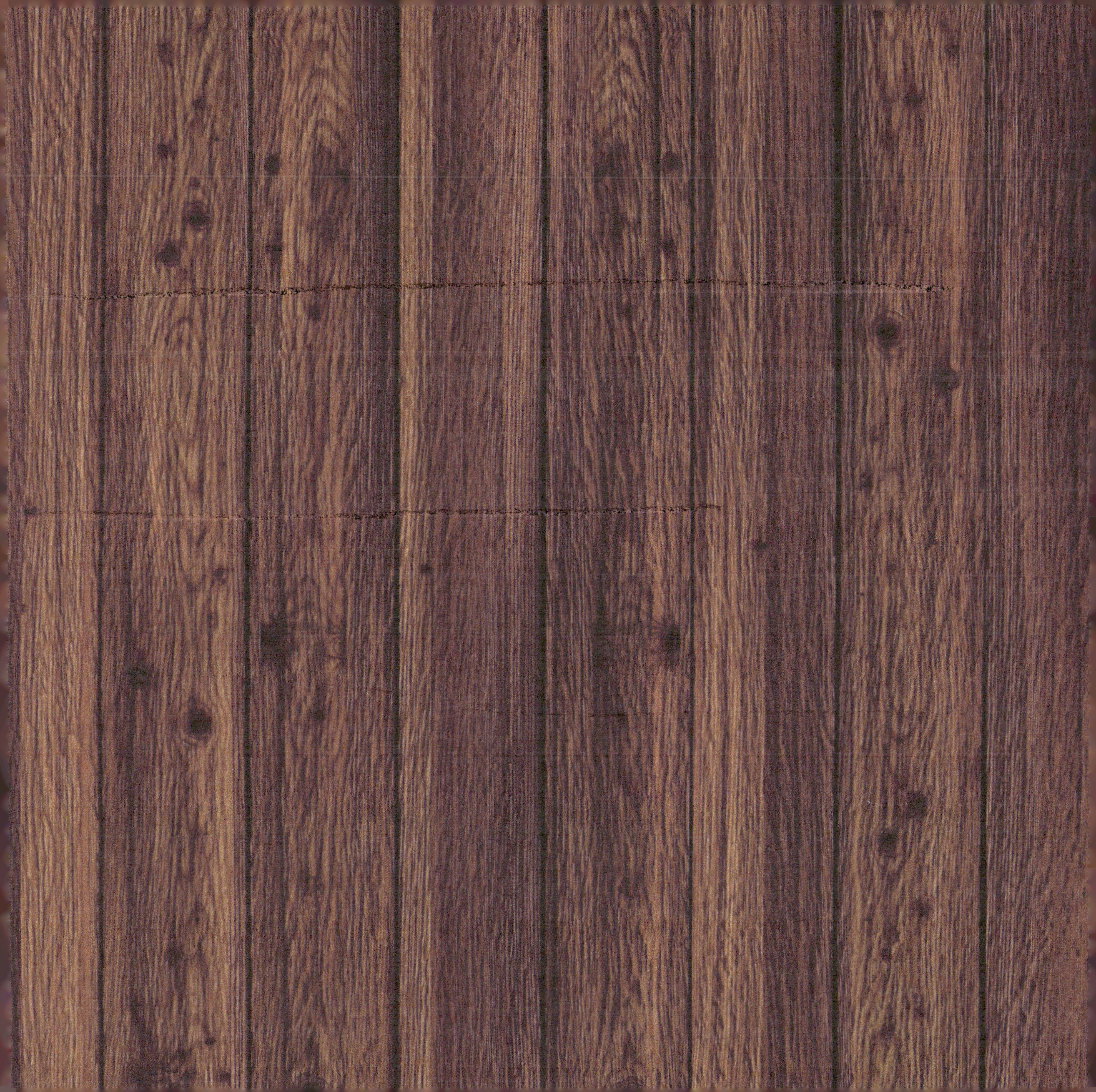

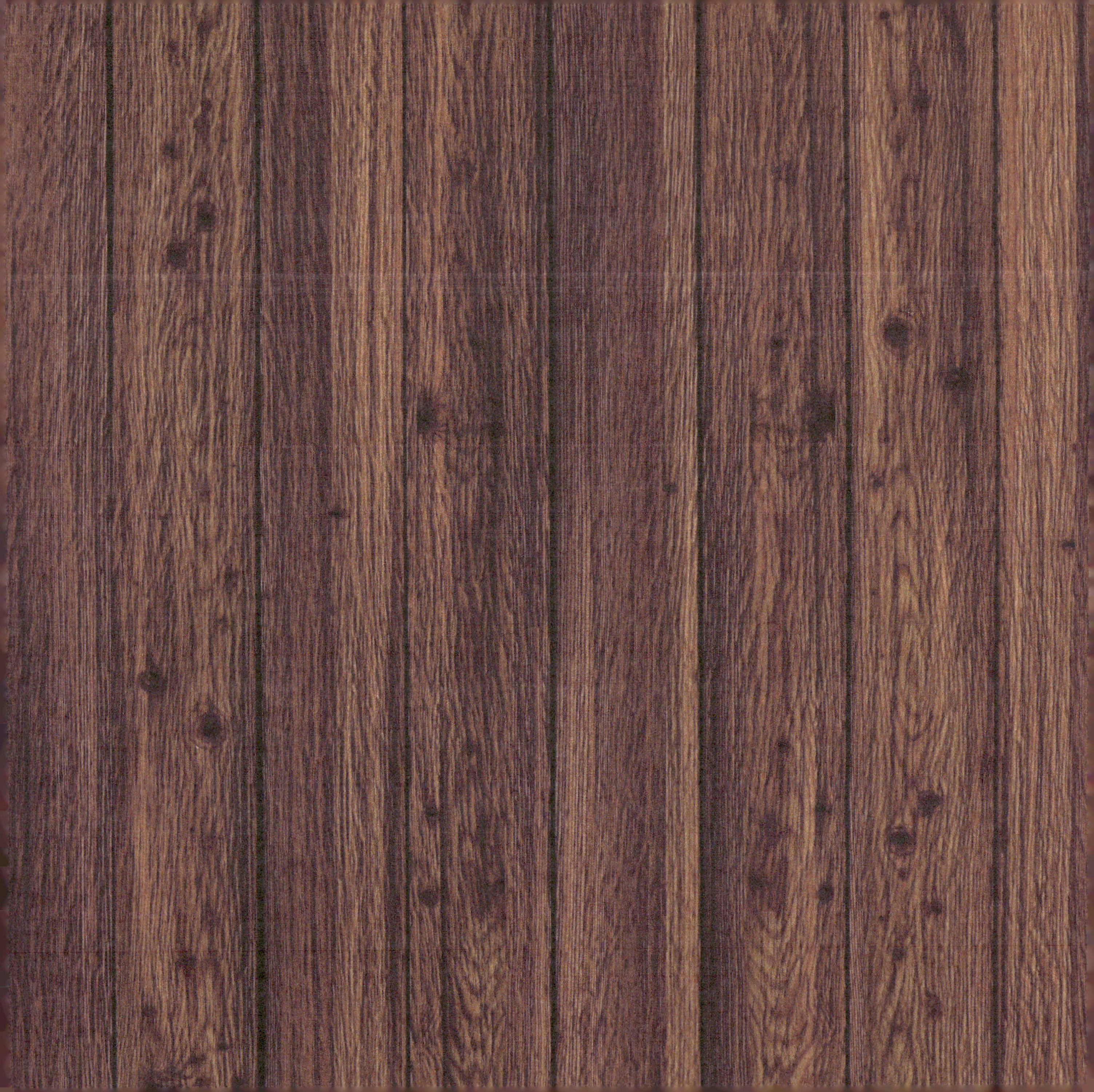

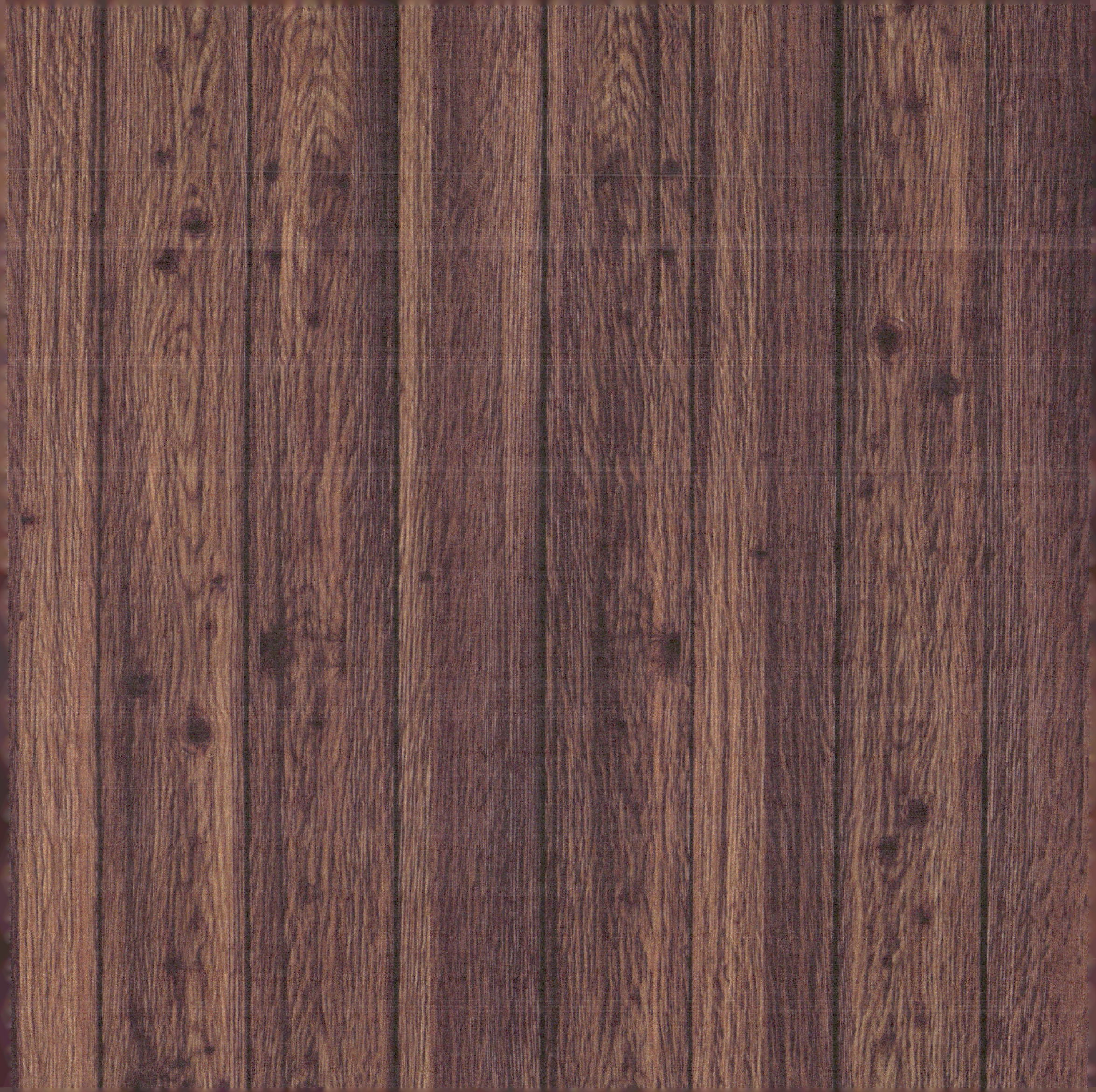

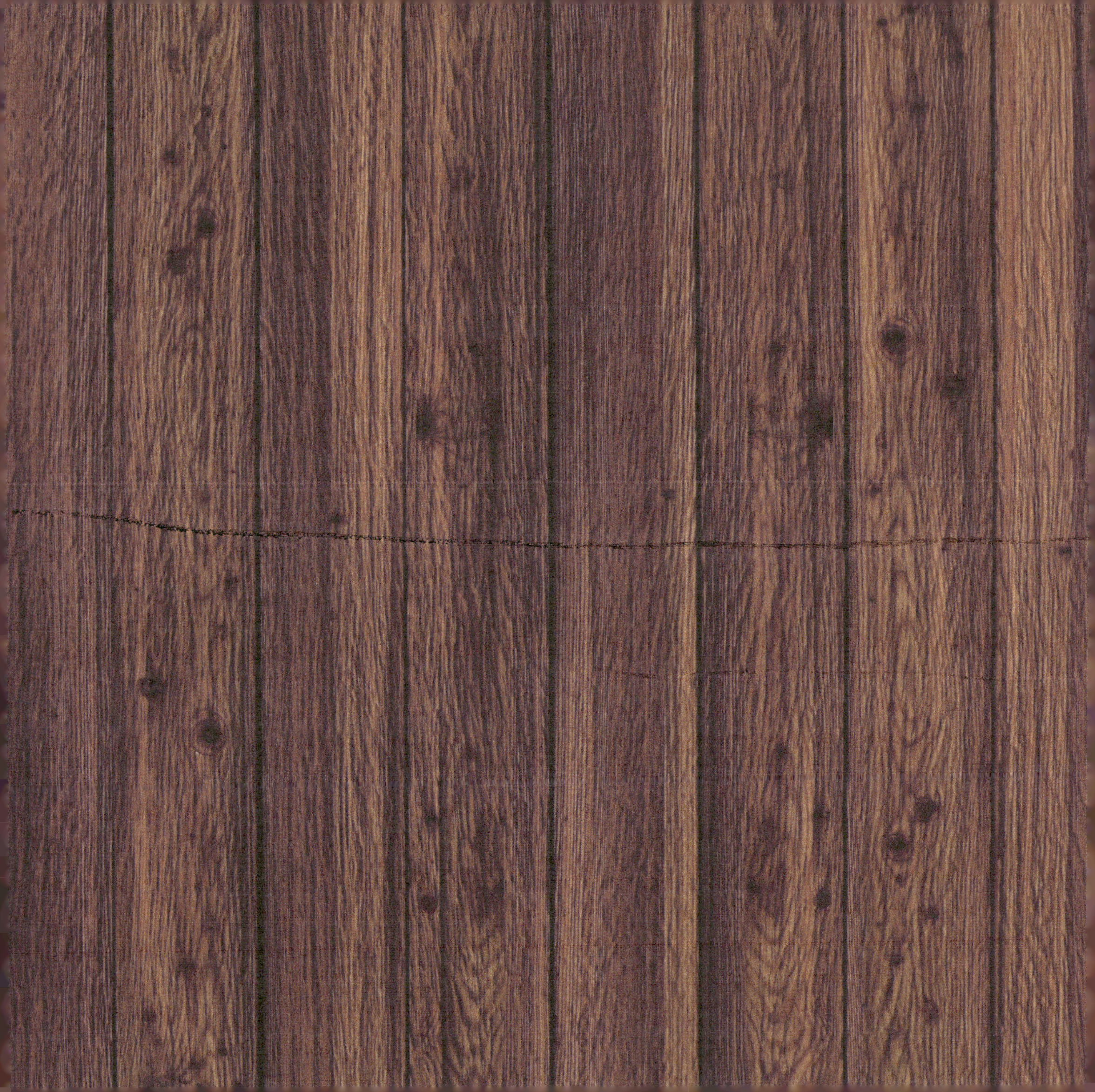

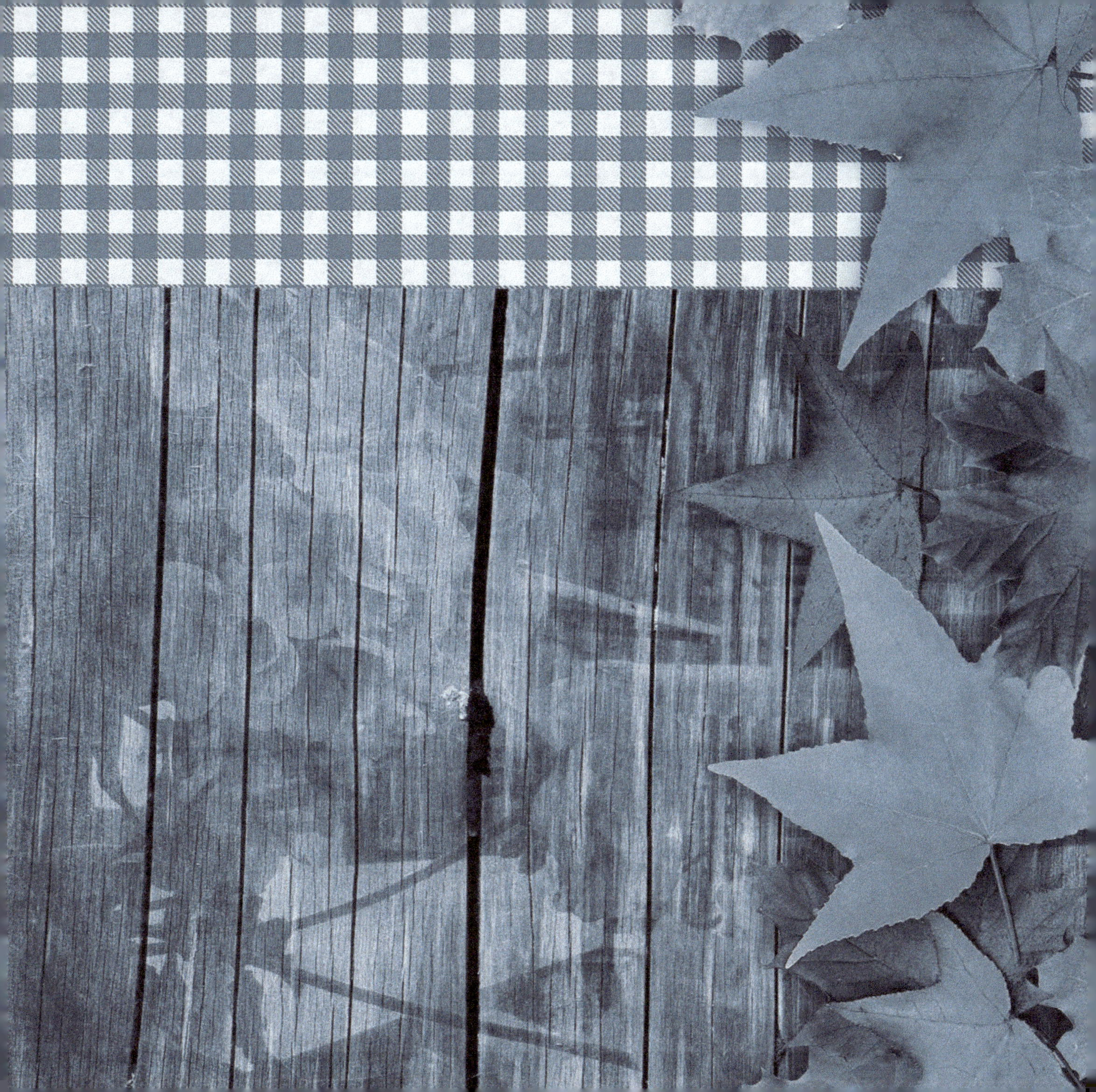

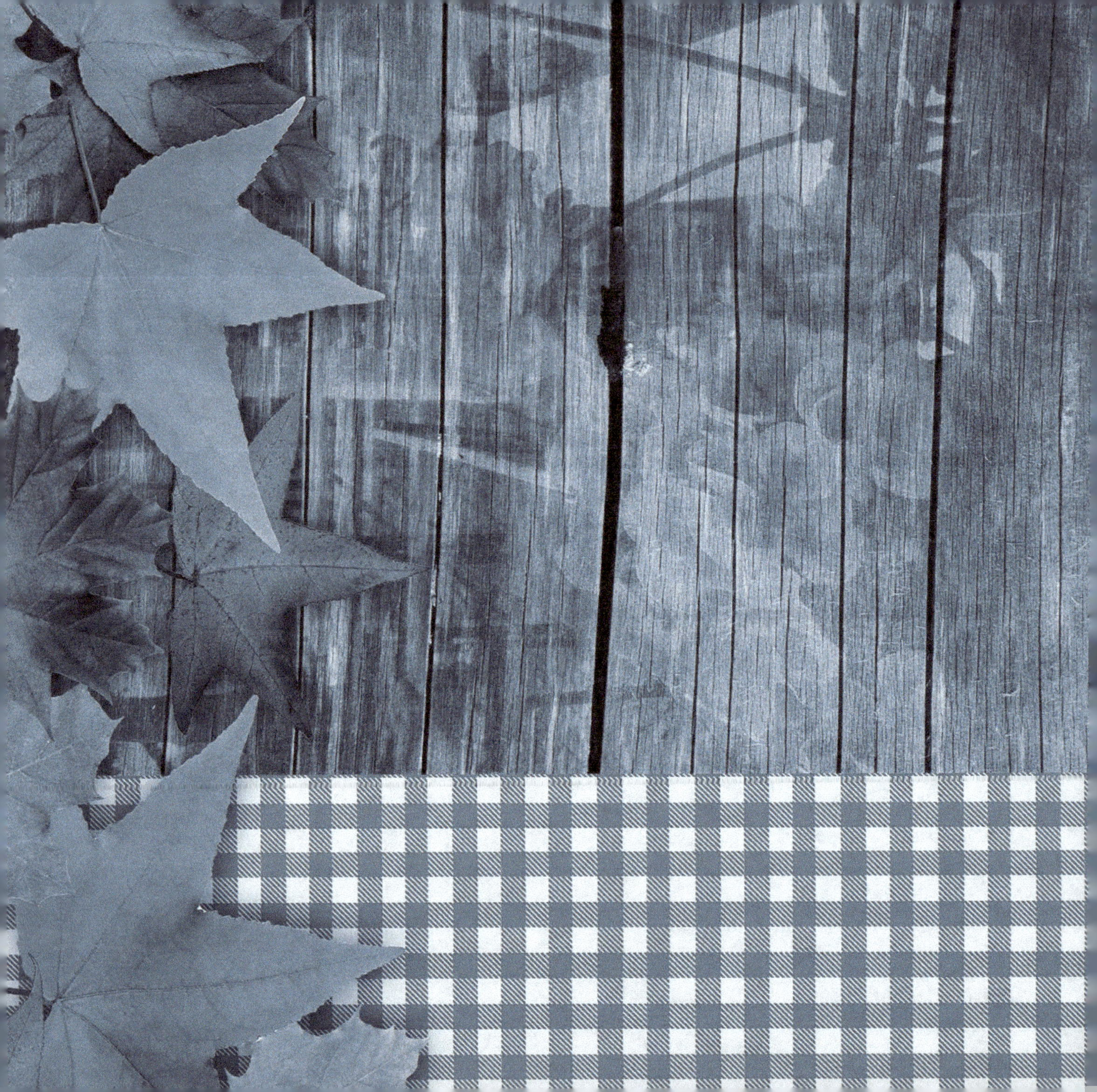

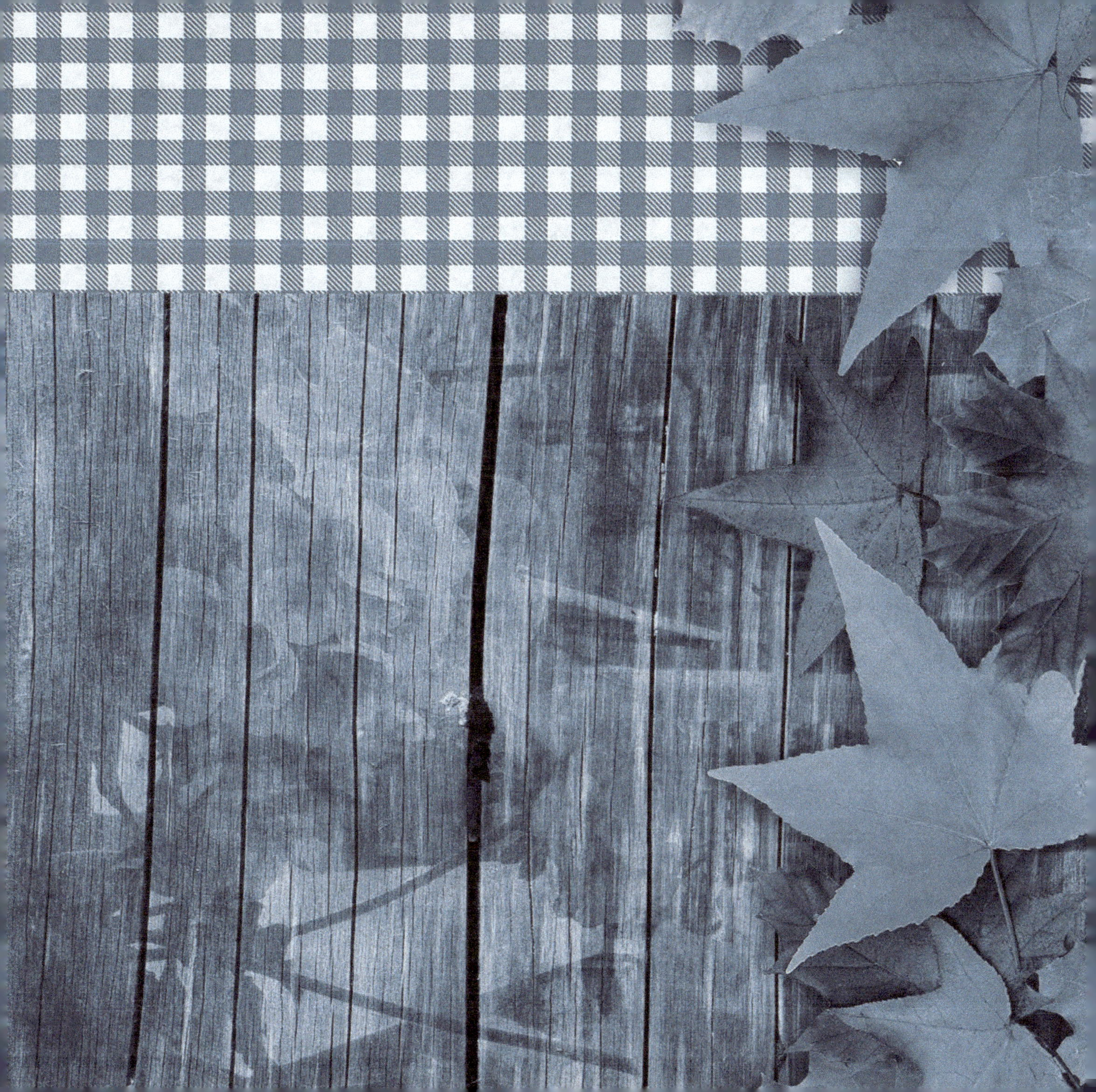

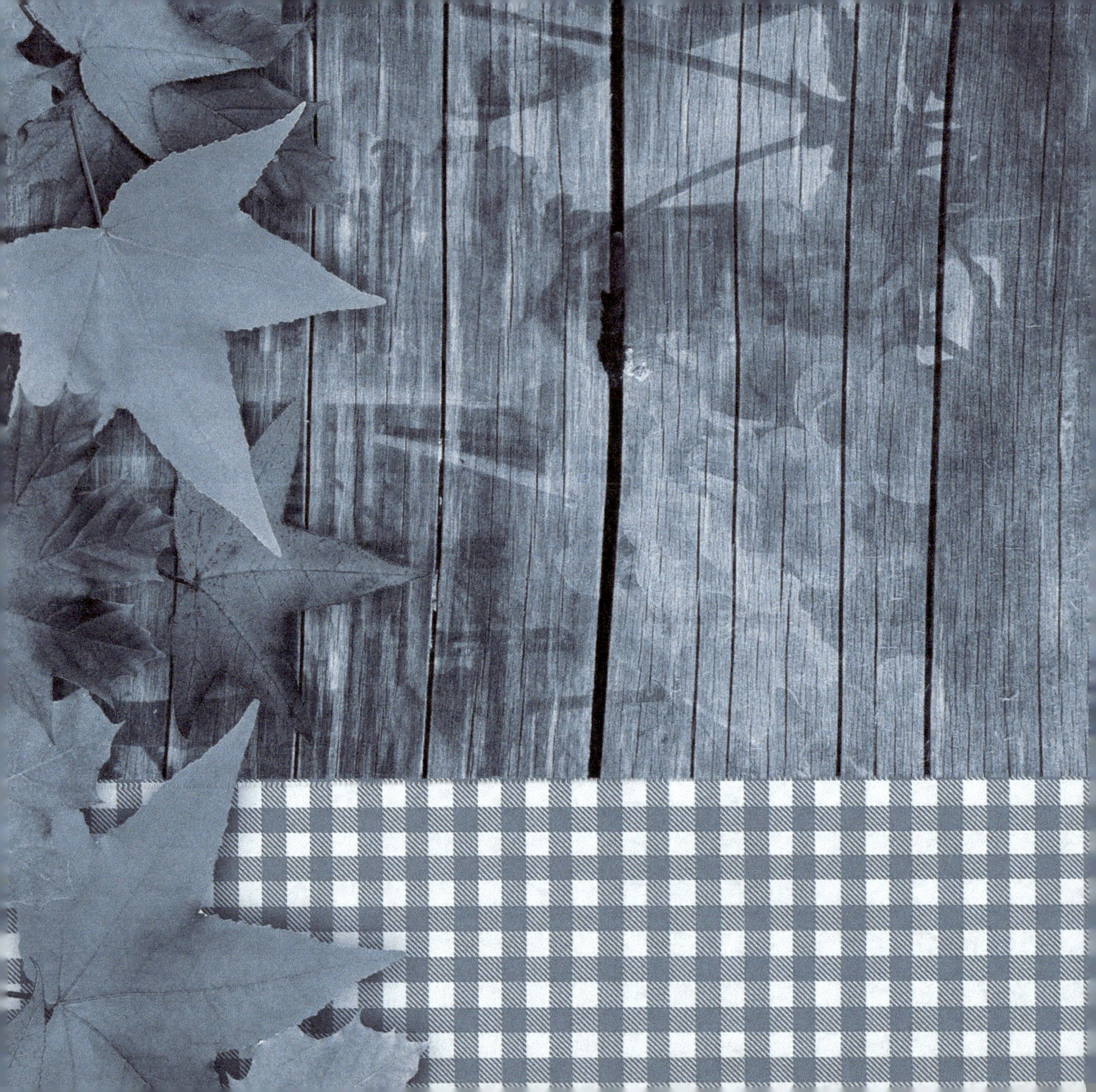